Pascal Debra

Gedichte und Haikus
2006-2018

Pascal Debra

Gedichte und Haikus
2006-2018

Bibliografische Information der Deutschen Nationalbib-
liothek: Die Deutsche Nationalbibliothek verzeichnet
diese Publikation in der Deutschen Nationalbibliografie;
detaillierte bibliografische Daten sind im Internet über
dnb.dnb.de abrufbar.

Titel der Originalausgabe:
Gedichte und Haikus 2006-2018 © 2018
Covergestaltung: Pascal Debra ©
Frontcoverbild: Koi-Bild "Japanese Koi Carp"
Backkcover Foto: Pascal Debra Privatarchiv 2018 ©
von Linearetestpilot © Canva
Alle Rechte vorbehalten
ISBN: 9783752836141
Herstellung und Verlag: Books on Demand GmbH,
Norderstedt, 2018

I

Gedichte

1

Sie stand
nicht schwankend
in den Farbtälern, die
sanft umspielt, schmeidigen
Gewändern gleich
in der Nähe allen
Vergessens war,
wie Wind
wie Wasser
wie der Strom
der Zeit

2

Wie vereinigte Sonnen
stehen sie, dem
alten Gedanken
anheimgefallen, der
sie einst erweckte

Wie Goldmonde
durchdringen sie
die Pinienhaine
baden zärtlich sich
in Lichtflutdünen,
so umschmeicheln
Seidgewänder
die Nähe ihrer Haut…

3

Wie umschließt die
Welt
Die ganze, innere
Welt,
wie schließt sie
Kinderaugen aus
wenn kleine Hände
dicht sich drängen
um gebend nach
Nähe zu streben,
um spielend nach
Liebe zu haschen
und ein Echo
des Seins
Antwort erfragt…

4

Zuweilen erseelt
sich die Welt des
Traumes,
umnächtet Zeitenspiele
Begegnungstropfen
aus Erinnerung
und ist wie ein
Meer aus Tagesäonen
und Wolkenkindern
und dann steigt
der Tag…

5

Wir
sind
lachend und liebend,
sind
hungernd und herrschend
Wir fügen und fühlen
Gebäudegedanken
und träumen
doch tiefer
als Wirklichkeitsmonde...

6

Über die Stufen
nach marmorner Höhe
in Leinenstoff
weich gehüllt,
Schritte ausgewogen
im Blute keine Sonne
wild umklammernd.
Nur wenige
zur Tat erkoren,
nur wenige
dem Platze weichend…
Caesarentod,
Caesarentod

7

Wimpern neigen sich
wie verborgen in
innerem Leben,
durch Welten die
zugewandt sich ausdehnen,
Leben ausharrend
wartend
um endlich eins
zu sein
in liebender Stille...

8

Im lieblichen Geruche selbst
am blonden Nacken
entlang,
führen Finger
Gedanken
in nächtlicher Ruh
in ein
Gefühl hinein

Jenes bleibt gänzlich
eingehüllt
in Atem bis
Morgenlicht
deine Brust erhellt....

9

Warst dus immer?
Musste Warten in die
Zeit gelegt sein?
Mussten uns finden?
Mussten?

Wo selbst Blicke sich
tausendfach berühren
reicht nur eines,
das uns band:
Erkennen!
Plötzlich
wunderhaft...
als wärens nur Stimmen....

10

Ganz Eins-sein:
Vergehen im größeren Gefühl
Vereinen im zeitlichen Moment
in dem Berührung ist
und Fühlen
So mag mein Empfinden
einhüllend, schützend
dich ewig umwehen
wie für ein dauerhaftes
Sein erschaffen....

11

Deinem wallenden Haar
ähnlich gebiert sich die
Nacht in jenen Farben
die endlich
fester
sich verbirgt
durch deinen Atem
dein Sein
deine Haut, samtig
anschmiegsam unzüchtig

Durch endloses Anschauen
eben jenes Gesichts
welches einst trauerte
wie sich selbst
entschwindend
durchdringt das
Innerste allen Fühlens
unser beider Sein

Wie war es denn,
als ihre Haut sich strahlend hingab,
dem Dufte entäußert,
gleichsam verinnerlicht
wie Liebende es wollend
handhaben?
Als ihr Auge erstrahlte in
morgendlicher Frühe
dankbar,
brennend?
Als wir nur eins waren:
An Berührung vollkommen,
an zarter Bestätigung stumm
um sich findend
zu halten
nach scheinbar
tausendjährigem
Erfühlen....

13

Feuriges Haar.
stimmenlos geboren,
in entfernten Worten,
Hände in den Sinnen
eines Tages…
Wo ist Tag?
Wo die Bewegung
im Verlorensein
der Hände?
Feurig verloren!
Feurig verdunkelt!

14

Unter den Dingen der Welt
dem unterhöhlenden Flüstern,
dem Stein zerberstenden Schreien,
unter den Wogen zeitlicher Billigung:

Tränen sind nur mehr
Imitate des Digitalen
sind Pixel des Sichtbaren

Man schließt ein Fenster
Man wählt Escape
Ende
Deleted

15

Unter dem Blickfang,
farbenfroh ein Antlitz
sekundenlang nur erhaschend
behutsam in das Gefühl führend

aufbäumende Lust designiert
diffus und divergent
verlierend im Vorlaut
einer Silbe,
akribisch gewagt
unter der Haut
wie ein
insolentes
Kind
die Welt
wagt

15

Luziferisch, obstinat
ostentativ schreiend
in der pittoresken
weißen Wanne
liegend,
wartend,
konsterniert sich waschend
in der Patina
als äße man
ein opulentes Mahl
ein Abendmahl
prätentiöser
Renitenz

16

Somit werden die Tage,
die aneinandergereihten,
divergent
in ihrem Ablauf,
ikonisch in ihrer
initialen Gesamtheit
unaufhörlich
klandestin

für ein Leben
das entschieden hat
subsidiär
zu bleiben

17

Menschen sind redundant,
relevant im Sein
irrelevant
im einzelhaften
Leben

Sybillinisch servil
Stringent saturiert
im Menschsein
selbst
stürzen
sie mit Elan
wie Lemminge

18

Du zündest Silben an,
wirfst sie in deinen Verstand,
verbirgst sie wie eine Anapher
in deinen fingierten
Momenten
gedanklicher Folge

Wir verfolgen die Gedanken,
paradieren in ihnen,
streifen herum,
vertrödeln Zeit
und ziehen
antagonistisch
aus ihnen davon

19

Klicken
Einloggen
Laden. Erneut laden.
Schauen. Nichts.
Blackscreen
Klicken. Schauen.
Nichts.
Törichtes Warten auf
Klicks...
Abwenden. Blackscreen.
Einloggen. Nichts.
Ausloggen.
Blackscreen.
Einsamkeit...
wie blind
und hörig.
Leben
als LogIn
LogOut

20

Liken, warten.
Haha, lachend
in der Summe 00101
Wünsche in
karger Abhängigkeit
Aufmerksamkeit
heischend
In Likes bewertetes
Leben
Erleben im Vakuum
des Nichts
in der einsamen Summe
digitalen Wartens...

Konsequenzen
in frühmoderner
Ausprägung,
hinwenden, zuneigen,
einnehmend, anziehend,
contradictio in adiecto,
anthropomorphen Stimmen gleich
Ertüchtigung antiker Art,
dann:
Stille.
Dann-
Verstandesmäßige
Internierung
seines Selbstes
lauernd,
schwirrend
wie ein
Kolibri

22

Götzendämmerung,
Subjektauflösung,
im Äußeren
tote, verdörrende Wesen
Innerlich
die reglose, leblose Maschine,
bewegungslose Zytotoxine,
Körper enzymatisch ablösend,
allgemein,
mental abstinent,
deinetwegen,
deinetwillen,
deinerseits, du –
in tausenden Jahren
werden wir sein
wie die Dryopithezine
einer alten Zeit

Gesichter wie augenlos,
vom Herrschen ausgezehrt
Körper wie aus dem Grabenschlamm,
zynisch abgelegt,
gewaltsam entmenschlicht,
Gibt sie der Kunst!
Gibt sie den Löwen!
Dies ist die umkämpfte Grundfigur,
dies ist das Symptom der
ungeheuren Zeit

Wir gleiten schleichend
taumelnd,
fast abenteuerlich abendlich,
abscheulich uns unabänderlich,
wirklich scheu sehend,
und bedrohlich begehrend
unbegreiflich sich windend,
wie die umfassende Masse,
die unpassend,
sich selbst überlassend,
aufgibt, wie es beliebt
zu sein gewillt ist...

25

Hier und nicht woanders
liegen sie, die morbiden,
verkommenen Meisterköpfe
der Macht,
die Politiker, weltfern,
mürbe im Denken,
unnatürlich, abgewirtschaftet
im Geiste, besiegt,
dekadent, eine Akzidenz
im Leben,
eine Bedarfsidentität wie
eine leere Hülle,
abgezogen, verbogen,
abgewogen mit der Feder
selbstbezogen,
nie gleichgezogen
mit der Geschichte...

26

Die belanglosen Dinge
der Zeit,
die Minuten,
die willenlos verstreichen,
in Meerestiefen,
nie die Übergänge
sehen
die in sich selbst
unterscheidbar
sind
als wären sie
ein Versuch
ihrer selbst

Sind wir
die Urheber dieser Zeit?
Die Autoren eigenen
Verhaltens,
das wie abverlangte
Ablenkungsmanöver
sich erschöpfen
in beschönigten
Schüben alter Welten?
Die Zeiten wirken abseits
aller Dinge,
wie Einheiten
ausgeweiteter
Teile
eines dahingleitenden
Nichts

28

Dort sind sie unter den ihren,
sind Wirkende in zirkulären
Todesjahren, Lebenssekunden,
unverwirklicht und verwirkt
eine abgedankte Abbildung
längst vergangner Fehler,
in abgedunkelten Zimmern,
ahnungsvoll und aufs löblichste
quantifiziert, adaptiert
an abandonniertem
Innenleben
ausgelebt, aufgeschoben,
wie eine Abschrift
dunklen Ahnens

29

Neben den gelebten
abgeriebenen Gedanken
im Nachleben begrenzt,
zersetzt, soeben
noch
als Sinn
schnell
umgeschrieben,
so gehen sie längst
in den unebenen
Dingen der Welt,
sind vorgegebenes
Verbliebensein im
ewig Seienden...

30

Die Kalamität entschwindet
in eben jener Divergenz,
die sich verringert
im eigenen, tiefeigenen
Defizit längst
vergangner Tage
So kollidieren
die Universen
so sind sie wie
Glashäuser fast,
-ein Kaldarium
des Geistes...

31

Wie Kemnaten
wirken die Geister
heutiger Zeit,
wie Kokotten die Damen
erwünschter Weiblichkeit,
doch Megären gleich
wanken sie stürzend
in eigene priapeische
Fallen aparter
Pomeranzhaftigkeit
und bleiben retirierte
Boudoirkatzen...

Ein Diarium des Nichts,
verwaltet, gehegt,
von ponderabler Noblesse,
huldvoll, blaupausenleer,
wie kastrierte Hunde
dahinstreunend,
suszeptibel für
Kesselflickerfickerei
und morbus gallicus,
nehmt die Dinge wie
sie sind
ob vexiert oder schuldvoll
-luzid sei euer Wesen

Das Leben ist sich selbst
Epistel, eines Libertins
Konnizität bringts
fulmant in
yggdrasilhafte
Bedeutung, ...
-ein Grasaffe ist es
Ein Grasaffe des
neuen Jahrtausends...

Widersinn,
angefochten im Rekurs
Argumente wie ein Faktotum,
dürstend nach Diskurs,
Abort der Gedanken,
jeglichem Frausein
entfremdet,
das sind sie –
hene Dompteure
des sinnlichen Vakuums,
wie Ammen des Seins,
outriert,
betulich
sich selbst
im Odium abhanden
kommend

Das Addendum
heutiger Zeit:
Eine Camouflage
nichtssagender
Worthülsen,
wie unter Kuratel
stehend,
ohne Weg, ohne Wort
stumm, ubiquitär
im Netzwerk der
koramen Meinung,
oh, du dunkler
Abgott

36

Zensur ist aktuelles
Engelmachertum an
affabler Meinung,
eine Mimikry
von Sinn, weitab
der Stimmen:
anonym, abartig
namenlos,
achtlos
anspruchslos,
machen sie sich
anheischig
wie die Huren
der Nacht

Initiator inhärierter
Worte,
die wie Initialien,
einnehmend groß
einmütig, deckungsgleich
sich selbst bedeuten
sinnentfernt,
unergiebig,
wie ein Wasserglas
dessen Inhalt fehlt
und selbst
das Glassein
seiend
mißlungend
ist

Angelockt
sind jene
reizend reduzierten
redressierten
Damen,
die durch Farbigkeit
und Überfluss,
Angesammeltes
erheischen,
wie die begleitende
Begrenztheit
unbescheidener
und heiterer
Dummheit
So sind sie:
Fremd im
eigenen Geiste

Ein Nahtod ist
Erkenntnis oftmals,
eine Randbemerkung
eigenen Wissens,
Entwurf einer
langsam
abortierten
Einsicht
die glimmend
unbestimmt,
unvorherbestimmt
vor dem Geiste
verschwimmt,
verwischt
und im
Alltag
gänzlich
erlischt

Menschen
sind die Marginalie
der zeitlichen
Erhebung,
sind ein Vermerk
in den Äonen
der Zeit,
Formung,
Anwandlung
genetischer
Zeitendialektik,
die Perspektive
einer Übung
und ein
Blickpunkt
des
Nichts

41

Jede Tat
ist Äußerung,
ein Obolus
an die Betrachtung
der sich entäußerten
Welt
Absichten doch
sind nur Vorspiel
abzielend auf die Dinge
die bindend
sich abspielen
im niederen
anteiligen
Wahn

Perspektiven
unterscheidend
prüfen,
wie in Gedanken
Synapsen
patrouillierend,
so durchziehen,
sie die Dinge
innerer Welten
als trügen
sie Gewänder
die sie schützten
vor jener
Widrigkeit
des Außen

II

Haikus

1

Sonnenlicht,
lebendig, wachend, still, hell
in den Kirschblüten

2

Äste tragen sie:
Die Weltentiefe innen
im Fluß der Liebe

3

Der Fluß ehrt das Aug:
In allem stillt es die Kraft
die innerlich brennt

4

Auf die Stufen dringt
das verhaltene Lachen:
Frauenaugen gleich…

5

Langsam dringen die
Stimmen durch nachtgeweihte
Lichte Mondfarben…

6

Sterben sie in sich,
die Schmetterlinge alter
Farben und Formen?

7

Friedlich regnet die
Sommernacht in die tiefsten
Winkel des Weltalls

8

Die Bewegung des
Lebens, in der Tiefe des
wachsenden Meeres…

9

Über den Bergen:
Stille im geschlossenen
Auge des Weisen

10

Draußen windet Licht,
über allem liegt das Tuch
dunkelster Nacht...

11

Worte formaler
Logik und Symbole und
draußen stehn Blumen…

12

Gingkolaub unter
den Augen alter Mönche:
Die Art des Ursprungs

13

Stillendes Wasser:
Erneuert in den Stimmen,
erlischt in Augen...

14

Was kann ich fassen
was ich nicht betrachtet hab?
-Alles was Sein hat!

15

Ein Mönch im Steingarten des Klosters
Es fallen still Abendblätter

16

Desnachts schaut ein Aug:
Wieviele Abende noch
bis der Frühling kommt?

17

Eine Pfirsischblüte und
ein verdorrter Baum:
Welch ein großes Glück!

Über den Autor:

 PASCAL DEBRA, 1978 in Luxemburg geboren, studierte Philosophie (speziell wissenschaftstheoretische Ansätze), Literaturwissenschaften und Linguistik an der Universität Trier und erwarb dort den Magister Artium Abschluss in diesen Bereichen. Beschäftigt sich mit der Vielfalt von Weltanschauungen und philosophischen Konzepten und ist leidenschaftlicher Musikalbensammler. War Lehrer für Philosophie und Ethik, unterrichtet aktuell in einer Privatschule.

Facebook: Pascal Debra

Weitere Schriften:

„Der Schachspieler" Roman (2009)(Neue Auflage 2017)

„Die Reißzwecke in der Regenrinne" Roman (2009) 2. Auflage
2018

„Die Evolution des Skorpions" Roman (2017)

Aesculus –Ein Gedichtzyklus in 5 Bildern. (Einzelausgabe 2017)

„Die Pathologie der Liebe" Roman. (2017) 2. Auflage 2018

„Horizontenstille" Gedichte aus den Jahren 1993-1998
20jährige Jubiläumsausgabe 2018

„Ausgewählte Gedichte 1998-2002" (2018)

„Äonenfalter –Gedichte und Koans 2002-2006"
Jubiläumsauflage 2017

„Gedichte und Haikus. 2006-2018" (2018)

„Achilles" Roman (2018)